나타부한
테일즈런너
Tales Runner
부수한자
11
천재 한한 코믹스

테일즈런너 나타부한 부수한자 11권

발행일 : 2015년 9월 15일 초판 / 2015년 9월 15일 1쇄

발행처 : (주)천재교육

발행인 : 최용준

책임편집 : 박세경, 이미순, 김지영

기획편집 : 이복선, 안흥식

마케팅 : 김철우

제작 : 황성진

글쓴이 : 이준범

그린이 : 이정태

신고번호 : 제 2001-000018호(1980. 5. 28)

편집 : 02-3282-8512

영업 : 02-3282-1675

팩스 : 02-3282-1717

고객만족센터 : 1577-0902

주소 : 08513 서울특별시 금천구 가산로 9길 54

홈페이지 www.chunjae.co.kr

ISBN 978-89-269-6935-9 64710

"하늘 천(天), 땅 지(地), 검을 현(玄), 누를 황(黃)······."

한자를 무조건 외우기만 하면 이해도 안 되고 어렵기만 합니다. 어떻게 하면 쉽고 재미있게 공부할 수 있을까요? 바로 부수한자를 만화로 배우면 됩니다.

"부수한자 해 일(日)로 만든 한자는 때 시(時), 어제 작(昨)이 있네? 아하~ 해 일(日)은 시간이나 날짜와 관련된 한자를 만들 때 쓰는구나!"

부수한자는 한자의 기본이 되는 것으로, 부수가 같은 한자는 서로 연관된 의미를 갖습니다. 따라서 부수한자를 알면 한자의 의미를 이해하는 데 많은 도움이 됩니다.

한자를 '쉽게' 공부하는 방법에 대한 답이 부수한자라면, '재미있게'에 대한 답은 누가 뭐라 해도 역시 만화가 아닐까요? 〈테일즈런너 나타부한 부수한자〉의 주인공들과 흥미진진한 모험을 함께하는 사이 많은 부수한자를 저절로 알게 될 것입니다.

많은 어린이들이 이 책을 통해 부수한자를 쉽고 재미있게 공부하여 한자와 친해지기를 바랍니다.

감수자 일동 : 허시봉, 정규돈, 김준영
(전국한문교사모임)

① 일거양득(一擧兩得)
: 한 가지 일로 두 가지 이익을 얻음.

이 책 한 권으로 '학습'과 '재미'를 모두 얻을 수 있습니다.

② 박장대소(拍掌大笑)
: 손뼉을 치며 크게 웃음.

테일즈런너와 금동이의 코믹하고 흥미진진한 모험을 함께하며 신나게 웃을 수 있습니다.

③ 파죽지세(破竹之勢)
: 적을 거침없이 물리치고 쳐들어가는 기세.

한자능력검정시험에 자주 출제되는 한자들을 이야기로 구성하여 실전에서 막힘이 없도록 돕습니다.

④ 철두철미(徹頭徹尾)
: 처음부터 끝까지 빈틈없고 철저함.

부수한자와 한자의 생성 원리, 한자성어 등 한자의 모든 것을 담았습니다.

부수한자 마법
나타부한(나타나라 부수한자)!

• 부수한자란?

부수한자는 수많은 한자들 중 공통성이 있는 것끼리 모아 그 부분을 대표하는 글자를 내세운 것입니다. 총 214자이며 한자사전(漢字辭典)에서 한자를 찾을 때 기준이 됩니다. 자기 스스로가 부수여서 '제부수한자'라고도 합니다.

• 스토리텔링 연상법으로 214자 부수한자 익히기

제부수한자인 해 일(日)은 달 월(月)과 만나 밝을 명(明)이, 잠깐 사(乍)와 만나 어제 작(昨)이 됩니다. 〈테일즈런너 나타부한 부수한자〉는 214자의 부수한자를 재미있는 만화로 담았습니다. 이 책을 통해 주인공과 함께 신나는 모험을 하면서 자연스럽게 한자를 익힐 수 있습니다.

• 부수한자 마법 나타부한 활용하기

만화 속 인물들이 "나타부한!"을 외치면 부수한자가 나타나고 그 부수한자를 사용해서 부수한자 마법을 쓸 수 있습니다. 빨간색으로 강조한 부분이 부수한자이며, 그 아래에는 한자의 필순을 표기하여 학습에 도움이 되도록 하였습니다.

南 남녘 **남**　一 十 十 内 内 南 南 南

※ 아래 ▓▓▓▓ 는 캐릭터의 능력을 표시한 것입니다.

금동이

마력	정의감

0   70   100

부수한자 쇠 금 金의 기운을 타고 태어난 선비이며 한대제의 제자이다. 한타지의 모든 선비를 없애고 부수한자를 독차지하려는 못된 한마황에 맞서 싸운다.

호야

마력	초스피드 땅파기	한타지 정보 수집

0   30   60   100

금동이가 말썽을 피울 때는 따끔한 충고를 해 주고, 힘들 때는 위로도 해 주는 친구이다. 한타지에 대해 모르는 것이 없다.

한마황

마력	버럭하기

0   70   100

일월오성검을 통해 후천적으로 강력한 부수한자 마법을 얻었다. 양반 무리의 우두머리이며 한타지를 지배하려는 야망에 불타고 있다.

나르시스

마력	시도 때도 없이 거울 보기

0 15   100

테일즈런너에서 '미'를 담당하고 있다. 아름다운 외모가 곧 무기라며 어떠한 순간에도 아름다움을 유지하기 위해 노력한다.

※전설의 아이템 : 마음 심 心 거울

한대제

모든 것이 완벽 그 자체

0 · · · · · · · · · · · · · · · · · · 100

금동의 스승. 한마황이 일월오성검으로 부수 광석을 봉인하고 한타지를 지배하자 몰래 금동이를 키우며 한마황에게 맞설 준비를 한다.

삼천갑자 동방삭

마력

0 · · · · · · · · · · · · · · · · · · 100

세상의 것에 대해 모르는 바가 없으며, 엄청난 부수 한자 마법 능력을 가진 전설 속의 인물. 한대제의 오랜 친구이다.

밍밍

마력	분위기 파악 못하는 나르시스 날려버리기

0 · · · · 30 · · · · · · · · · · · · 100

테일즈런너에서 '귀여움'을 맡고 있으며, 상냥한 말씨와 부드러운 미소를 가졌다. 하지만 한번 화가 나면 걷잡을 수 없는 다혈질이다.

※전설의 아이템 : 기운 기 氣 손목 보호대

러프

마력	판단력	뒤로 달리기

0 · · 15 · · · 45 · · · · · · · · · 100

테일즈런너에서 '냉정함'을 담당하고 있지만 알고 보면 마음 따뜻한 남자이다. 뒤로 빨리 달리기가 특기이며, 빠른 판단력으로 위기 상황을 잘 헤쳐나간다.

※전설의 아이템 : 빠를 속 速 신발

 11권 부수한자

口	氵	雨	干	亻	老	子	力	小
입 구 **7급**	삼수변	비 우 **5급**	방패 간 **4급**	사람인변	늙을 로 **7급**	아들 자 **7급**	힘 력 **7급**	작을 소 **8급**

工	宀	十	女	艹	一	辶	癶
장인 공 **7급**	갓머리	열 십 **8급**	여자 녀 **8급**	초두머리	한 일 **8급**	책받침	필발머리

※ 한자의 순서는 책에 등장하는 순서입니다.

 11권 부수한자로 만들어진 한자

口 입구 — 命 목숨 **명** 7급 / 右 오른 **우** 7급

氵 삼수변 — 活 살 **활** 7급

雨 비우 — 電 번개 **전** 7급

亻 사람인변 — 住 살 **주** 7급

子 아들 자 — 孝 효도 **효** 7급

小 작을 소 — 少 적을 **소** 7급

工 장인 공 — 左 왼 **좌** 7급

宀 갓머리 — 安 편안 **안** 7급

女 여자 녀 — 姓 성씨 **성** 7급

艹 초두머리 — 萬 일만 **만** 8급

一 한 일 — 世 세상/인간 **세** 7급

辶 책받침 — 道 길 **도** 7급

癶 필발머리 — 登 오를 **등** 7급

11권 한자성어

반포지효(돌이킬 **반** 反, 먹일 **포** 哺, 갈 **지** 之, 효도 **효** 孝)
▶ '어미에게 먹이를 되먹이는 까마귀의 지극한 효성' 이라는 뜻임.
안빈낙도(편안 **안** 安, 가난할 **빈** 貧, 즐길 **락** 樂, 길 **도** 道)
▶ '가난한 생활을 하면서도 편안한 마음으로 도를 즐겨 지킨다.' 는 뜻임.

차례

지난 줄거리

나타부한
(나타나라 부수한자)!
10권에서 무슨 일이
있었지?

일월오성검도 없이
나타난 한마황은
공격은 안 하고 도망만
다니고 정말 이상했어.

한마황이 성에
없는 사이 삼장군은
일월오성검을 찾으러
다녔어. 그런데 갑자기
한마황이 나타났어!

한마황이라고 믿었던 건 그의 비밀 친위대인 블랙, 레드, 블루, 그린이었어.
그들은 금동 일행을 각자의 방으로 끌고 갔지.
위험에 빠진 금동이. 용기를 내서 진정한 일지매 금동의 모습을 보여 줘!
11권 속으로 출발!

프롤로그
앗!
슝
콰과과
잘 가거라,
선비 금동!
12

목숨 命

콰아악

목숨 명 命
마법!

분명 백 선비님의
목숨을 빼앗을 뻔했던
그 마법이야!

그땐 생명
나무의 도움을
받았지만, 지금 내가
저 마법을 맞는다면!

命 목숨 명　ノ　ん　ム　今　合　命　命　命

밍밍, 러프,
나르시스!

백의종, 지율랑
선비님!

호야, 미안해!
더 이상은
나도….

어리석은 녀석!
움찔

선비는 세상 사람들을 구할 운명을 가지고 태어나는 거다!
네가 여기서 싸움을 포기한다면, 진정 친구들을 구하는 거라 생각하느냐?
스승님!
그래! 난 할 수 있어.
팍
쿠당탕
크악!

이 녀석! 감히 내 마법을 피하다니!
큭!

헉!
헉!

네게 내 목숨을 줄 수 없어!
뭐야?

난 한마황으로 부터 한타지를 꼭 구해 내야 해!
그게 선비로서 내가 해야 할 일이다!

선비로서 해야 할 일이라고?

그럼 네 친구들이 이대로 목숨을 잃어도 좋단 말이지?

저 녀석이!

선비로서 해야 할 일….

단지 네 목숨이 아까워서 친구들을 버리려는 게 아니고?

절대 아냐!

정말 그럴까?

크흐흐, 그 말을 어떻게 믿지?

지금 항복하지 않으면 친구들을 절대 살릴 수 없을 텐데?
크윽!
넌 선비라는 걸 핑계로 친구들을 내버려 두고 있을 뿐이야.
투항

지익
여긴 뭐지?
엥?
어?
뭐야?
앗, 금동!
호야?
문영까지!
금동아!

대체 어떻게
된 거야?

내가
묻고 싶은
말이야.

회오리바람과
함께 너희가 갑자기
사라졌잖아.

그래서 나랑 문영은
여기저기 헤매다
보니….

헤매다 보니?!

내가 만든
이 공간을
그냥 헤매다
들어왔다고?

네가 만든
공간?

그러고 보니, 여긴 다른 공간인 건가?
저 녀석이 만들어 낸 공간이 분명해!

대단하다! 어떻게 뚫고 들어왔어?
글쎄? 난 그냥 걸어서 들어온 것 같은데.
…….

역시 보통 호랑이가 아냐.
예전에도 호야에게만 마법이 통하지 않았어!

호야 최고!
아니 뭘! 하하!
어쩌면 내 생각보다 더 엄청난 능력을 가졌을지도.
다른 친구들은
또 다른 공간에 갇혀 있단 말이지?
하지만 어디 갇혀 있는지는 몰라.
그럼 다른 친구들이 어디 있는지 찾아볼게.
그럴 수 있겠어?
여기도 찾아왔으니까 어떻게든 되지 않겠어?
그렇지, 문영?
그, 그래.

우연히 여길 찾아온 것으로 다른 공간까지 찾을 수 있다고 생각하다니!
찾긴 누굴 찾아!
화르르
너희는 절대 이 싸움에서 이길 수 없어! 나타부한! 입구 口!
콰 장
口 입구 ㅣ 口 口

콰아
아아아
입구 口를
부수로 해서 생명을
빼앗아 주마!
나타부한!
목숨 명 命!
숨
헉! 백 선비님의
목숨을 빼앗을
뻔했던 목숨 명 命
마법이잖아?
어서
피해야 해!
活 살활 氵氵氵浐浐浐汗汗活活

아!
!
팟
금동, 이 마법은
맞설 수 있는
마법이 아니야!
어서 피해!
목숨 명 命에
맞설 마법아
나와라! 삼수변 氵을
부수로 해서
살 활 活 방패!
푸항
活
후우

콰쾅
촤촤
으앗

어, 어떻게
목숨 명 命 마법을
막아 낸 거지?

역시 목숨 명 命
마법이 무적의
마법은 아니었어.

뭐?

물론 목숨 명 命 마법이
다른 사람의 목숨을 뺏는
무서운 마법이긴 하지만,

생명을 살려 내는
살 활 活 마법이라면
막아 낼 수 있을 것
같았거든.

살 활 活
마법 방패
라니!

우헤, 내가
좀 멋있지?

멋지다!

이제 너의 목숨 명 命 마법은 통하지 않아!
으윽!
분하다!
벼락
이 꼬맹이가!
이제 장난은 끝났다!
부오오오

반포지효

反哺之孝

돌이킬 **반**　먹일 **포**　갈 **지**　효도 **효**

옛날 진나라의 '이밀'이라는 선비가 왕이 관직을 내렸는데도 어머니를 모시기 위해 사양한 적이 있지.
그 때문에 왕이 크게 화를 내자, 이밀은 이렇게 말했다고 해.
까마귀가 어미 새의 은혜에 보답하려는 마음처럼
어머니가 돌아 가시는 날까지만 이라도 모실 수 있게 해 주십시오.

까마귀도 늙은 부모에게 먹이를 물어다 주는데
넌 나를 두고 그걸 혼자 먹겠다는 거냐?
잘못했어요….

앞으로 먹을 게 생기면 꼭 가져오거라.
네~.
냠
냠

잠깐, 동방삭 님은 우리 아버지가 아니잖아?
꿈틀

무시무시한 번개 마법!
住
살 주
住
살 주(住)의 부수한자는
사람인변(亻)입니다.

헉!
헉!
헉!
헉!
질긴 녀석!

금동의 친구들
중에서 가장 약한
녀석으로 봤는데.
뭐야?
이 몸은 사랑과
정의의 용사
나르시스라고!

나보다 잘생긴 사람은 세상에 없어!
무슨 소리야. 제일 약한 녀석으로 봤다고 말한 건데.

훗, 그럼 너도 내가 잘생긴 건 인정한다는 거지?
뭐래?!

끝까지 입만 살았구나!

에엣?
뭐, 뭐야!
뜨드드드

ㄷㄷㄷㄷ
네놈 짓이냐?
아냐, 그럴 리가!
ㄷㄷㄷㄷ
이게 뭐야? 내 공간이 망가지고 있어!
대체 무슨 일이지?
러프?
팡

러프! 괜찮아?
으윽!

이게 어떻게 된 거야?
나도 잘 모르겠어.

난 분명히 숲에서 그린이랑 싸우고 있었는데….
네 이놈!

너! 그린을 어떻게 한 거야!
타 탁 탁
!

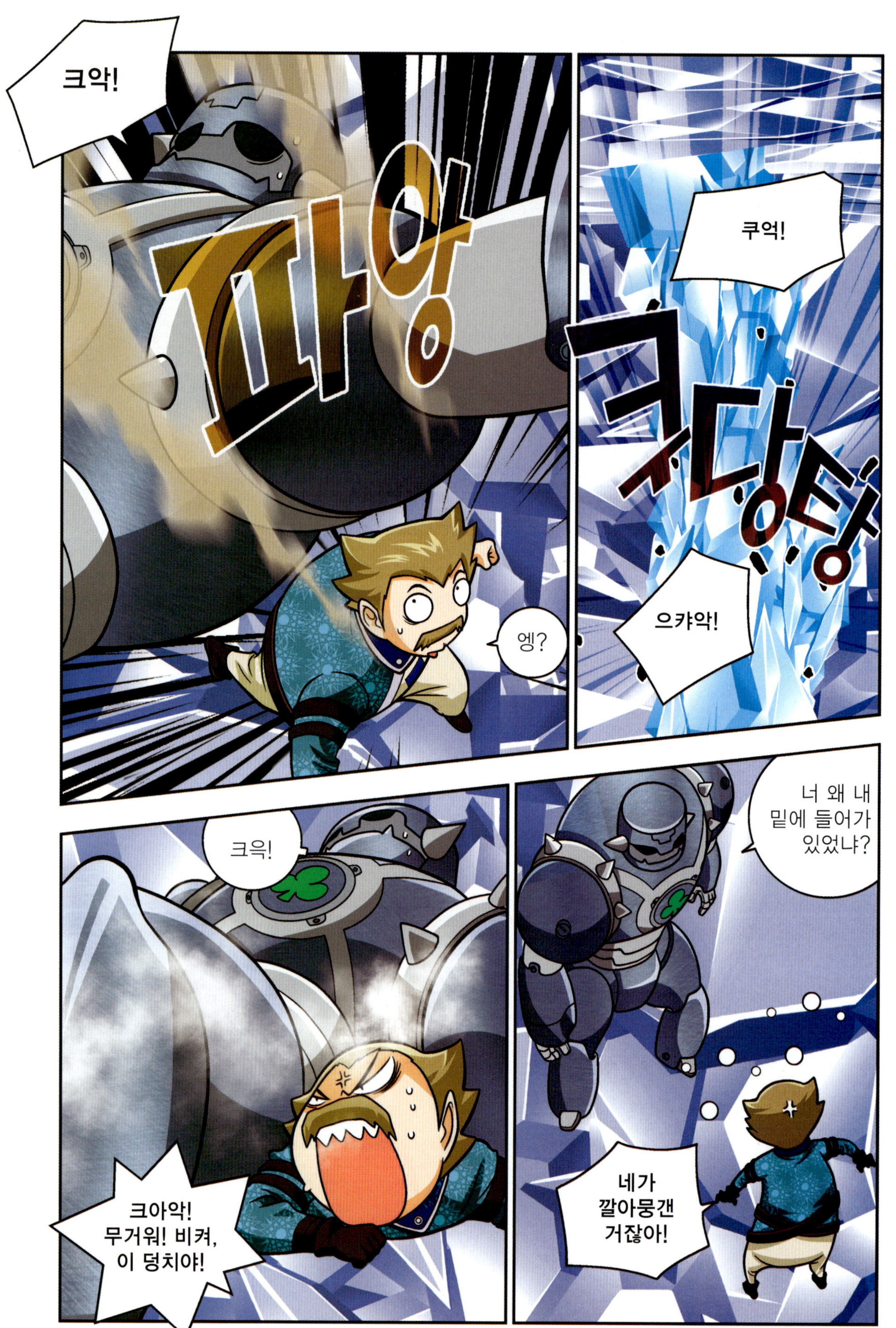

크악!
따앙
엥?
쿠억!
쿠당탕
으캬악!
크윽!
크아악! 무거워! 비켜, 이 덩치야!
너 왜 내 밑에 들어가 있었냐?
네가 깔아뭉갠 거잖아!

내가 언제!
네가 밑에
있던 거지.
말이 되냐?
이 덩치야!

지금 쟤들끼리
싸우는 거 맞지?
그런 것
같아.

아 참,
그런데
밍밍은?
음?

나도
잘 몰라.
모른다고?

나도 여기서 싸우고 있었거든.
그럼 밍밍은 대체 어디 있는 거야?

이게 다 너희 때문이다.

엥? 무슨 소리야.
오, 오해야. 하하….

이렇게 된 이상 너희를 한꺼번에 처리해 주마!
탁탁탁

우왓!
헉?
가 캉
이, 이건 블랙의 기운이야!
대체 무슨 일이 일어난 거지?

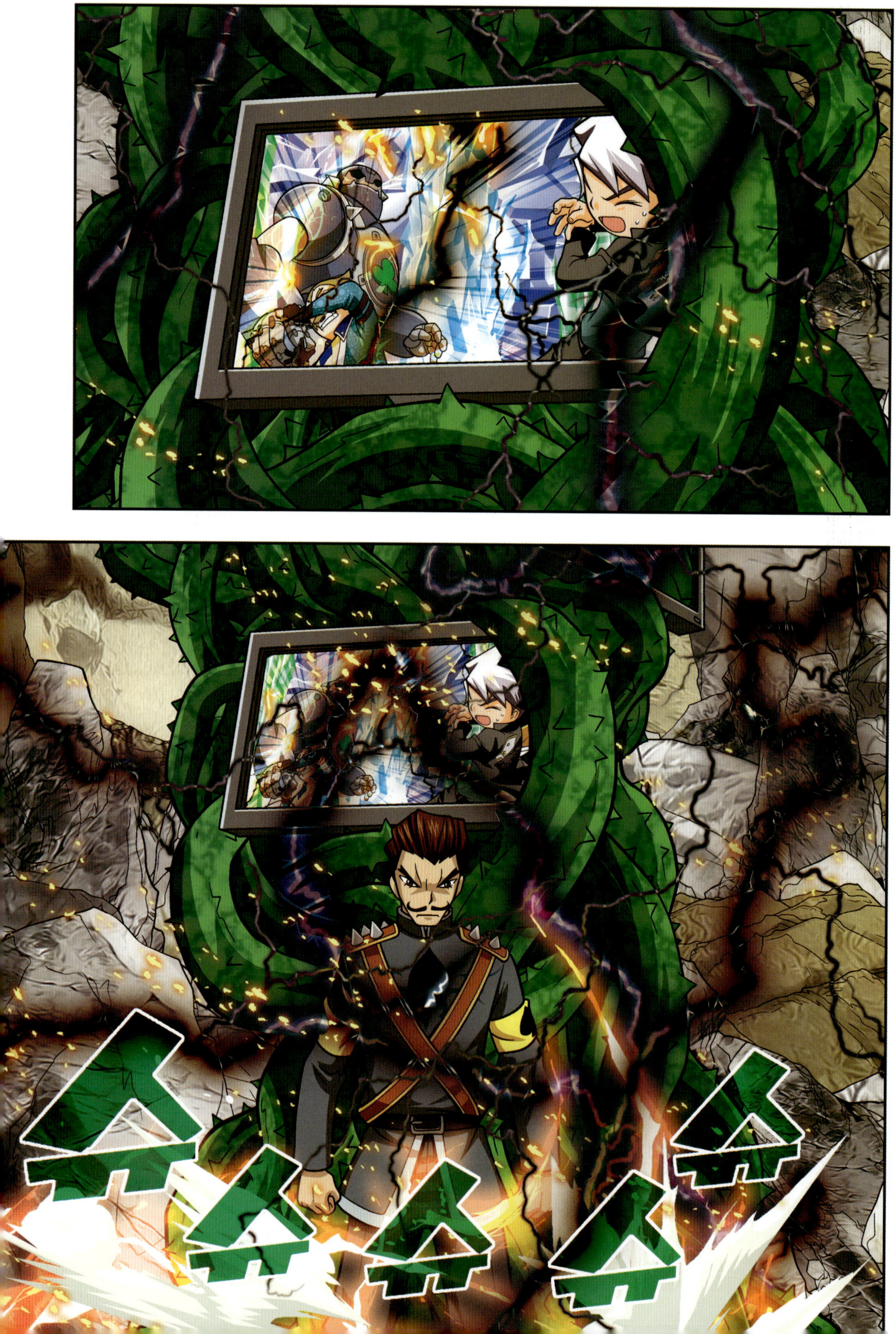

스스스스스

저건 뭐야?
러프와 나르시스가 있는 공간을 보여 주는 화면이야.

근데 좀 이상하네. 망가졌나? 조금 전엔 둘 다 켜져 있었는데.
!

그래, 그거야!

호야랑 내가 여기 들어오면서 무슨 변화가 생긴 게 분명해!
뭐?

여기서 빨리
빠져나가야 해.

왜?

그…,
그렇다면!

공간이 잘못되면
친구들이 더욱
위험할 수
있어.

아!

문영, 빨리
나가는 길을
찾자!

알았어.

어딜
도망가겠다는
거냐!

나타부한!
비 우 雨!

비 우 雨를
부수로 해서
번개를 받아라!
번개 전 電!

電

콰아앙

아!

!

電 번개 전

크억!
쿠당탕
잘난 체하긴,
어디 한번 더
맞아 봐라!
푸콱

금동아!
오지 마,
위험해!
츠우
!
아까 분명히
번개가 날
따라왔어!

팍
흥, 피할 수 없다는 걸 잊었냐.
팡
방패 간 구을 제부수로 해서 전기 공격을 막는다! 방패 간 구!
쿠웅

됐다! 방패 간 干 마법으로 번개를 막았어!

아니야.

저 마법으론 전기 성질을 띤 번개 전電 마법을 막을 수 없어!

뭐야?

방패 간 干 마법은 분명

내 비수 비 匕 마법을 막아 냈던 마법이긴 해.

하지만 전기는 비수랑 전혀 다르다고!

그, 그럼, 금동이는?

干 방패 간　一 二 干

빠직!
빠직
빠직
어어?

왜 번개가
사라지지
않는 거지?

크크크, 고작
그 방패가 번개를
막을 수 있을 거라
생각했냐.
앗!

콰르릉
크악!

으아악!

콰아앙
이걸로 끝이다!

쿠앙

조준
실패인가?

지직
지직
지직

냐우우

잠깐,
그렇다면?!

가시덩굴?
금동아,
가시덩굴을
모아!

이번에는 절대
실패하지 않으마!

설명할 시간
없어! 빨리!
아, 알았어!

무항
나타부한 사람인변 亻!
사람인변 亻을 부수로
해서 이 공간에 살고
있는 덩굴들을 모은다!
살 주 住!

住 살 주　ノ　亻　亻　亻　亻　住　住

차아아악
문영,
우리도 저 안으로
숨어야 해!
아, 알았어!

둘 다
내 뒤에
바싹 붙어.
겨우 가시덩굴
이냐?
덩굴과 함께
전기 통구이로
만들어 주마!
빠
지지직

정답 O

덩굴로 전기를 막을 수 있는 걸 어떻게 알았어?
별것 아냐.

좀 전에 번개 공격이 덩굴에 통하지 않는 걸 봤거든.

이 덩굴이 번개의 전기를 흡수하는 것 같아.
이유는 잘 모르겠지만,

이놈들! 그 안에서 계속 버틸 수 있나 보자!
나타부…,
우왓!
드드드드드

꺄악!
이, 이게 무슨 일?
고, 공간이!

콰가
콰과
콰과
콰광

2장 이런 변신이 가능해?

孝

효도 효 (효)

효도 효(孝)의 부수한자는
아들 자(子)입니다.

정말
독종이구나!
너야말로!
응?
빠직
빠직
탓
꺄악!
쿠콰콰
콰
쾅

콰앙!
파웃
엥?
까악!
뭐, 뭐야!

여기는
처음에 왔던 장소?
돌아온 건가?

밍밍!
아!

무사했구나!
다행….

와락
러프!
아!

밍밍!
내가 얼마나 걱정했는지 알아?

나, 나도.

어이, 내 걱정은 안 했냐?
나르시스! 무, 물론 너도 걱정했지, 호호!

밍밍!
참, 금동이와 호야는?

잘 모르겠어. 우리도 갑자기 떨어졌거든.
아아.

*균열(龜 터질 균, 裂 찢을 열) : 갈라져 터짐.

네놈들, 잘도 나의 공간을 파괴시켰겠다!
도저히 용서 못 해!
우리 친위대의 최후의 마법을 보여 주지.
최후의 마법?
뭐야, 마법이 또 있어?

블랙!
레드!
그린!
블루!
차아아아앙!
모두 합체!

번쩍
우앗!
콜록! 또 폭발인가?
쿠구구구구
러프! 괜찮아?

거참, 변하면 변한다고 얘길 해야지. 머리 스타일 다 망가졌잖아!
또 먼지가 피부에 얼마나 안 좋은데.
…….

그런 말할 때가 아냐.
문영?

지금까지와는 완전히 다른 엄청난 기운이 느껴져.

크우우
꼬맹이들…, 이 모습을 본 이상은…!

너희는
죽은 목숨이다.

히익! 뭐야?
완전히
괴물이잖아?

이것이 우리의
최후의 마법,
합체 몬스터다.

크윽!

합체는 무슨!
그냥 네 쪽으로
나눠진 못생긴
호빵 같구만.

그런
자극적인 말을
하면 어떡해!

호빵?!
이놈이
건방지게!
네놈부터
없애 주마!
뭐, 뭐야!
으악,
나르시스
살려!
쿵 쿵 쿵

이 바보야, 그러게 왜 자극을 해!
와다다다다
켁!
크엑!
좌악
그린!
후후, 빠른 속도는 내 전문이지.
아!

한 번에
두 놈 다
날려 주마!
차악
퓨항
팡
나타부한!
기운 기 氣!
氣
밍밍!

老 늙을 로 一 十 土 耂 耂 老 老

氣 기운 기

에구구,
힘이 하나도
없어~.
쿨록
쿨록
크하하!
노인이 되었으니
당연하지!

콰아
늙은 것을
보니 좀 미안하지만
이제 이걸로
끝이다!
나타부한!
부
웅
응?

孝 효도 효

뭐가
어떻게
된 거야?

효도 효 孝의
위력이야.
효도 효 孝?

엄마의 사랑이
그리운 저 녀석들에겐
밍밍이 엄마로
보인 것 같아.

대단해. 그 순간
그런 마법을 생각
해 내다니!

엄마~,
엄마~!
꺄악!
징그러워!
저리 가!
탁 탁 탁

엥?
파앙
어? 마법이
풀렸어!
효도 효 孝
마법 때문에
늙을 로 老 마법이
풀린 거야.

밍밍,
수고했어.
응?

러프,
나르시스도.

금동아?
금동, 어쩌려고….

이 싸움….
이제 나의 싸움이야!

힘이 더 빠졌으면 빠졌지, 회복될 리가.
금동이가 회복된 건가?

하지만 왠지
금동이의 기운이
달라진 것 같아.

친구를
지키겠다는 마음이
금동이를 움직이게
하는 걸 거야.

그러나 그것도 분명
한계가 있을 텐데.

오호! 용기가
가상하군.

하지만 넌 남은 힘도
없는데다가
일지매의 부메랑도
내가 갖고 있잖아.

난….

앗, 저게
왜 저기 있지?

이젠 다
틀렸어!

시끄러워,
나르시스.

꼭 이긴다!

오른 우(右)의 부수한자는
입 구(口)입니다.

그럼, 2라운드를 시작해 볼까?
흥, 이미 힘도 다 빠졌으면서 큰소리는!
콰아
너 따위가 우리 넷이 뭉친 합체 몬스터를 이길 수 있을 것 같으냐!

촤악

웃차!

탓

이얍!
뻐
엉
크악!

큭! 이 힘은 뭐지?
헉! 큰일날 뻔했네.
블루! 뭐 해!
나타부한! 힘 력 力을 제부수로 해서 힘아 늘어나라! 힘 력 力!
알았어!
퓨
콱
力

뭐야, 덩치만 컸지 힘은 별것 아니잖아.

力 힘 력 フ 力

이, 이런!
힘 력 力
마법으로 힘을
더욱 강하게
키웠어!

흥, 힘만
세지면
뭐 해?
피하면
그만인 걸.

과연
그럴까?
슉

타앗!
쿠궁

앗!
쿠콰콰콰쾅!
으아악!
금동!
두두두두
안 돼!
금동!

큭!
파
내가 당하기만 할 것 같으냐!
크억, 아직 팔팔하구나.
쳇, 막다니!
척

아직 끝나지 않았어.
크악!
차앙
차앙
안 되겠어. 녀석의 힘을 더 빼야겠어.
내게 맡겨.

少 적을 소

힘, 힘이 없어.
온몸의 기운이 다
빠진 것 같아….
헉!
헉!
이제야 우리가
무섭다는 걸
알겠지?

더 이상은 무리야. 내가 금동을 구할 테니 모두 도망갈 준비를 해.
알았어.

나타부한!
빠를 속 速!

어?
푸스스

이게 왜 이러지?

너도 금동이처럼 마법의 힘이 떨어진 거야.
뭐?!

안타깝지만 우리가
할 수 있는 건
이제 없어.

금동이 당하는 걸
이대로 두고 봐야
한단 말이야?

아니. 금동이는
아직 포기하지
않은 것 같아.

뭐?

크으.

난, 포기하지
않아.

어라?
아직 기운이
있나 봐?

하지만 이제 끝이다!
헉!
크앙
으아악!
콰아아아앙

뽜
금동!
금동아!
조금만 더!
힘은 없지만 우린 친구를 위해 싸울 거야.
이놈들! 더는 못 참아.
얘들아~.
탁 탁 탁

정답 ✗ 효도 효 孝의 부수한자는 아들 자 子입니다.

*의존(依 의지할 의, 存 있을 존) : 다른 것에 의지하여 존재함.

右 오른우 ノ ナ オ右右

이럴 수가!
넌 분명히…, 힘이 없어야 한다고!

호야, 어떻게 된 거지?
나도 모르겠어.

이상해! 한자 마법의 기운을 못 느꼈는데!

나타부한!
장인 공 工을 부수로 해서 왼쪽으로 공격한다.
왼 좌 左!
파웅
工

左 왼 좌 一 ナ ナ 左 左

빡
어억!

크아악!
쿠당탕
헉!
헉!
헉!
나우우
말도 안 돼.
조금 전까지도
힘이 없었잖아.
금동이가
이겼어!

내가 봐도 이상해. 지금 금동이에게서 한자 마법의 기운이 전혀 느껴지지 않았거든.
그래, 분명 금동이는 힘이 전혀 없는 상태일 거야.

그런데 어떻게 한자 마법을 사용할 수 있는 거지?

알았다!

일지매의 부메랑이야!
뭐?

백의종 님이 말했잖아. 일지매의 무기는
주인과 함께 성장한다고.

친구들을 지키겠다는 금동이의 간절한 마음이 일지매의 무기인 부메랑에 전해진 것 같아.
일지매의 부메랑이 금동이에게 응답하는 거지.

그 말은….
내 생각이 맞다면 지금 일지매의 무기가 또 다시 성장한 거야.

파앗
?!

앗! 무기가
변하려나 봐!

뭐야,
이 빛은?

드디어
시작됐어!

이게 대체
무슨 일이야?!
우아앗!

4장
커다란 깨달음을 얻다!
姓
성씨 성
姓
성씨 성(姓)의 부수한자는
여자 녀(女)입니다.

스으으
아!

쿠 쿵
무기가!

일지매의
무기가 변했어!
그래!

근데
겨우 나무
막대기잖아!

푸하하!
나무 막대기라니!
…….

이제 알 것 같아.

뭐?

나는 아까 분명히 힘이 없었어.
단지 친구들을 지키고 싶다는 마음뿐이었지.

뭔 소리야!

그런데 곧 편안한 마음이 들었어.

왠지 이길 것 같은 예감 말이지.
그러자 힘을 안 쓰고도 한자 마법을 쓸 수 있게 되었어.

헛소리 마!
한자 마법은 자신의 힘을 모아야만 쓸 수 있는 거야!

아니, 한자 마법은 본인의 힘만으로 만드는 게 아니야.

자연스런 흐름에 편안하게 몸을 맡기면
그 흐름 속에 마법은 더 강해질 수 있어.

자연스런 흐름?
편안하게 몸을 맡긴다고?

웃기지 마! 한자 마법은 오직 힘이 강한 자만이 더 강한 마법을 사용할 수 있어!
보여 주지, 진정한 한자 마법의 힘을.

安 편안 안 　丶　丷　宀　灾　灾　安

이상해…. 금동에게서 아무런 기운도 느껴지지 않아.
저런 경지에까지 이르다니! 대단해, 금동아!

웃기지 마. 한자 마법은 강한 힘일 뿐이야.
두 두 두 두
콰아앙
타앗!

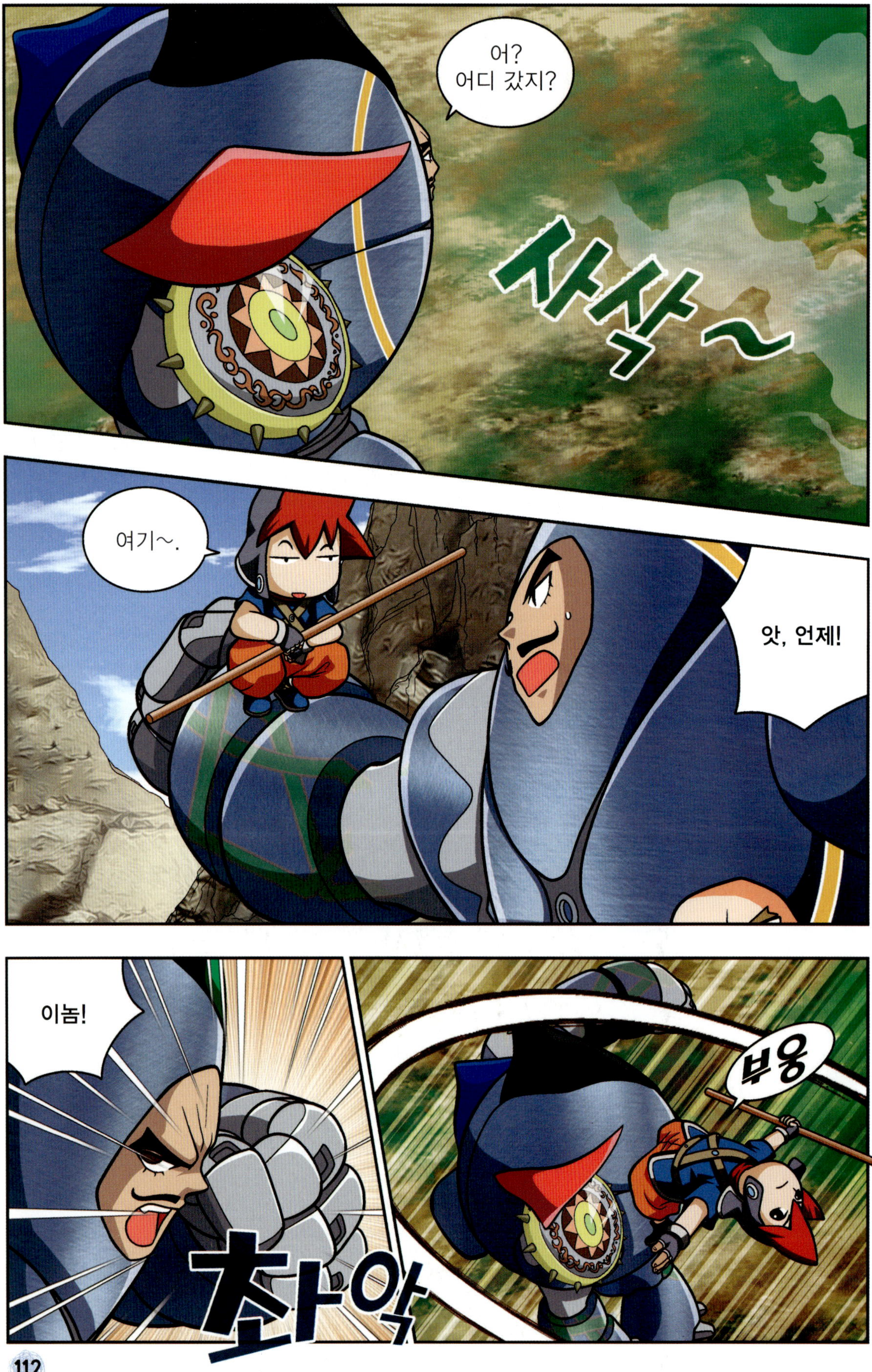

어?
어디 갔지?
사삭~
여기~.
앗, 언제!
이놈!
부웅
촤악

!!
척

움직임이 깃털처럼
가볍고 빠르다!

이제 내 차례다!
타
타

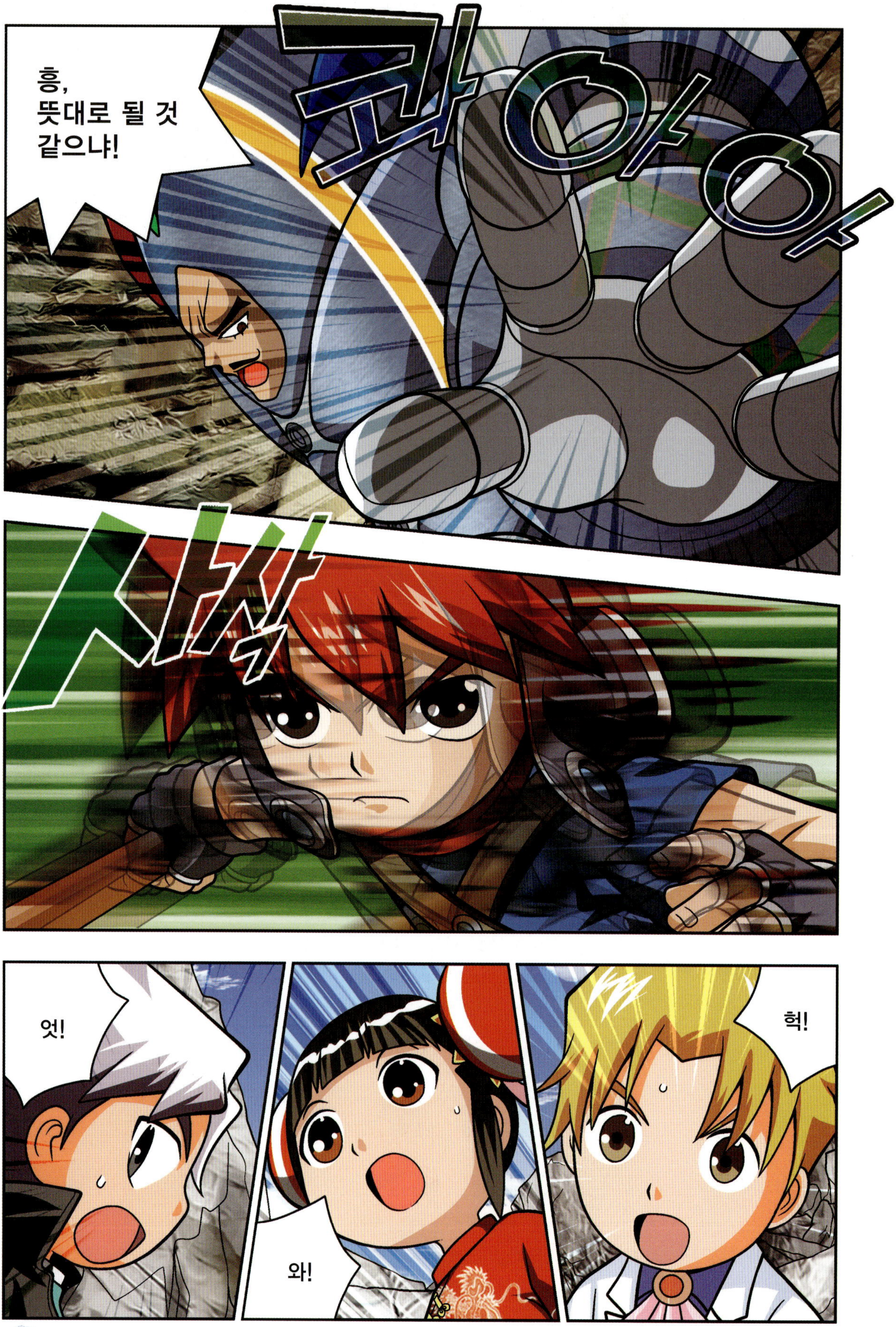

흥,
뜻대로 될 것
같으냐!
콰앙
샤삭
엇!
와!
헉!

윽!
파핏
자,
받아랏!
촤악

꺄악!
살려 줘!

한자 이동 마법을
쓰지 않았는데도
저런 움직임이
나오다니!

한자 마법이
몸에 자연스럽게
배어 있어.

이것이 진짜
한자 마법의
힘인가?

크얏!
악!
덩
덩
어떻게
된 거지?
힘이 점점 더
강해지고 있어.
앗!
부웅

으라차!
콰
아앙
살려 줘!
이건!
우아~!

구구구구구
금동이가
이겼어!
후우
대단해~,
금동아!

열 십

*과유불급(過 지날 과, 猶 오히려 유, 不 아닐 불, 及 미칠 급) : 정도를 지나침은 미치지 못함과 같다.

다들 괴로워하잖아.
동료의 아픔을 모른
체하는 리더는
자격이 없어.
괜찮아?
큭!
으윽!
윽!

모두 너의
동료잖아.
그린…, 레드…,
블루….

동료의
괴로움을
모른 체
할 거야?
윽!
아아!
크윽!

姓 성씨 성 く 女 女 女 女 女= 姓 姓

뭐…, 뭐야!
파파파파파
아악!
팡

으으….
비틀

다들 괜찮아?
에구구….
아야!

모두 미안해,
내 욕심 때문에….
리더답지
못하게
무슨 소리!

오호, 너희도 제법
의리가 있구나.

시끄러워,
꼬맹아.
맞을래?!
버럭

우린 너의 말을
무조건 따른다.
그냥 한 번
진 것뿐이야.
그래.
모두들…!

훗

꼬맹이, 잘 들어. 한마황 님은 이전보다 더 강력해졌어.
지금의 너라도 이길 순 없어.

걱정 붙들어 매. 내게도 멋진 친구들이 있으니까.

이런 멍청한 것들을 봤나!

한마황 님!
네가 진짜
한마황이냐?

5장
진짜 한마황인 걸까?
丗
세상/인간 세

세상/인간 세(丗)의 부수한자는
한 일(一)입니다.

한마황 님!

진짜일까?
이번엔 왠지
진짜 같아.

네 이놈…!
금동!

큰일이야!
금동이가 다시
평온한 마음을
잃기 시작했어!

한마황 님께서
여기까지 어떻게
오셨습니까?
후후,
왜 왔을까?

너희가 금동이를
처리했다면
내가 올 일도
없었겠지.

그, 그런…!
죄송…
합니다.

萬 일만 만 一 十 卄 丱 艹 芇 莒 莒 莒 莴 萬 萬 萬

모두
사라져라!

흔적도 없이
사라졌어!

쿠우우

블랙, 레드, 그린,
블루가 한 번에
사라졌어.

이게 한마황의
위력인가?

대단한
파워다!

그런 녀석들을
한 번에 해치웠다고
자랑하는 거냐?

아냐,
정말 칭찬해
주고 싶어.

블랙, 블루,
그린, 레드를
상대로 이 정도
까지 싸우다니.

한마황 님, 저는요….

변명은 듣고 싶지 않아.

뭐, 상관 없어.

네 마음이 가는 대로 했을 테니.

그게 아니라….

*성장(成 이룰 **성**, 長 길 **장**) : 사람이나 동식물 따위가 자라서 점점 커짐.

 *허풍(虛 빌 허, 風 바람 풍) : 실제보다 지나치게 과장하여 믿음성이 없는 말이나 행동.

부욱
안 통해!
그 정도 공격이 내게 통할 것 같으냐?
통할지 안 통할지는 두고 봐!

정답 일만 만 萬의 부수한자는 초두머리 ⺾ 입니다.

이제 포기한 거냐?
포기하긴 누가 포기해!

잠깐! 그 공격은 소용없어!
뭐?
멈칫
타앗!
촤악

제발 진정해!
하지만 저 녀석이…!

 卋 세상/인간 세 一 十 卋 卋 卋

143

인간 세世
마법은 우리가
있는 인간 세상만
밝게 보여 주는
마법이야.

그럼 저
한마황은 유령
이라는 거야?
!

설마….
한마황 님,
유령이 되신
거예요?

저건 유령이
아니야.
!
흐흐, 역시 네놈은
좀 다르군.

그래,
난 실제 모습이
아니다.

사아아

마법을 써서
눈앞에 있는 것처럼
나타난 거지.

좀 더 놀아 주고
싶었는데

마법으로 나의
정체를 밝힐
줄이야. 역시
똑똑해.

칭찬은
됐고!

넌 내 스승님을
모욕했어.

너의 스승님이기도
한데 말이야.

그런 건 이제 상관없어.

어쨌든 너희 말대로 이건 가짜 몸이다. 진짜 나는 내 성에 있지.

그럼 왜 나타난 거야!

네 녀석에게 제안을 하기 위해서다.
제안?

좋아!

방금 말한 대로
난 성 안에 있고
어디로도
도망가지 않아.
!
그러니 나를
무찌르고 싶으면
내 성으로 와라.
널 혼내 주기
위해서라면
어디든 가겠어!
그래, 그렇게
나와야지.

나타부한!
책받침 辶을
부수로 해서 성으로
안내할 길아 생겨라!
길 도 道!

표앙!
후후….

나의 성으로
따라오너라!

그런데
적당한 마법을
알긴 하냐?

그 정도는 충분히
할 수 있어!

지금 당장
만나러 가마!

나타부한!
필발머리 犬!
삥
잠깐! 뭔가 이상해. 성으로 오라고 길까지 열어 주면서 약 올리고 있어.
그래, 좀 더 생각해.
아니야, 난 이미 결정했어!
나와 한마황은 이 싸움을 피할 수 없어.

登 오를 등　ノ　ㄱ　ㄕ　ㄗ　癶　癶　癶　啓　啓　登　登　登

친구들을 위해 한마황을 찾아 나선 금동! 조금만 더 힘을 내! 12권에서 계속됩니다.

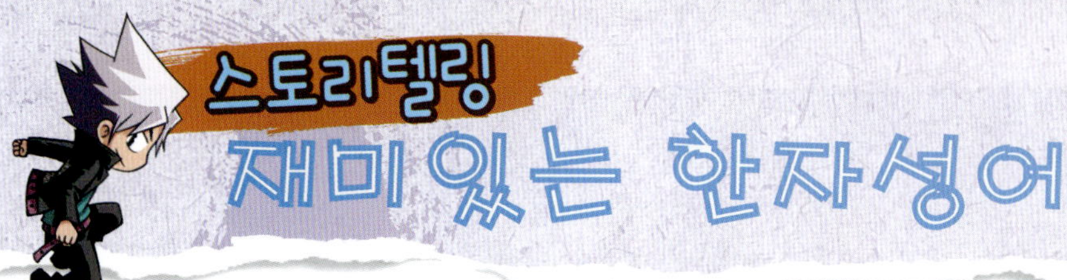

안빈낙도

安貧樂道

편안 **안** 가난할 **빈** 즐길 **락** 길 **도**

 *허영(虛 빌 **허**, 榮 영화 **영**) : 필요 이상의 겉치레.

나르시스는 안빈낙도의 정신이 필요한 것 같아.
안빈낙도?

안빈낙도(安貧樂道)란 '가난한 생활을 하면서도 편안한 마음으로 도를 즐겨 지킨다.'는 뜻이야.

또한 주어진 환경 속에서 마음가짐에 따라
평안함을 얻을 수 있다는 뜻이기도 해.
그렇구나!

좋아, 그럼 부자가 아니라고 해서 불평하지 않을게.
그래?

그래도 내 얼굴을 더욱 빛낼 다이아몬드 귀걸이 정도는 있어야 하지 않을까?
안빈낙도의 정신을 가지라고!

당신은 후배에게
어떤 선배로 보일까요?

① 

② 

③ 

④ 

① 봄 – 친절하고 차분하다.
웃는 얼굴이 매력적인 당신은 모두가 좋아하는 선배이다.

② 여름 – 정보를 많이 알려 준다.
당신은 후배가 어떤 실수도 하지 않기를 바란다. 철저하고 똑똑한 선배이다.

③ 가을 – 결과를 중요하게 생각한다.
운동이면 운동, 공부면 공부! 무슨 일이든 최선을 다하는 우등생 선배이다.

④ 겨울 – 겉보다 속이 따뜻하다.
쉽게 접근하기 힘들어 보인다. 하지만 필요한 순간에 도와 주는 반전 매력의 선배이다.

앞으로 만나게 될
이성친구는 어떤 성격일까?

①

②

③

④

① 김밥 – 너무 평범해!
모범생에 평범한 스타일. 다소 지루할 수 있지만, 함께 추억거리를 찾다 보면 정이 들 것이다.

② 과자 – 재미있는 수다쟁이!
귀여운 매력이 있지만 실수가 많다. 고민을 할 때 도움말을 준다면 좋은 이성친구가 될 것이다.

③ 과일 – 상큼한 매력의 소유자!
호기심이 많아서 뭐든 도전해 보고 싶어 한다. 취미 생활을 다양하게 도전해 보자.

④ 음료수 – 재주가 많은 인기쟁이!
인기가 많고 고집이 센 스타일. 이성친구가 친절하지 않아도 상처 받지 말자.

10쪽 　② 白

12쪽 　① 靑

14쪽 　① 삼수변 氵

16쪽 　③ 사람인변 亻

色

쾅

금동이 여기 있어요~! 하하!

②

낯 **면**

③

글자 **자**

다음에는
또 얼마나 황당하고
재미있는 일들이
생길까요?
기대하세요~!

〈상황 4〉

저자/시장 **시**

市

7급

市 ➡ 屮 ➡ 㡬 ➡ 市

• 필순 : ` 亠 亠 市 市

마당 **장**

場

7급

➡ 土 + 昜 ➡ 場

• 필순 : 一 十 土 圹 圻 垟 垾 坦 埸 場 場 場

나타부한!
삼수변 氵!
실 사 糸!

고을 **동**

7급

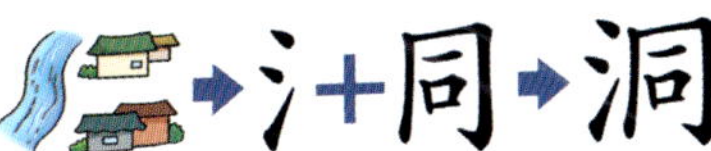

• 필순 : 洞

종이 **지**

7급

• 필순 : 紙

나타부한!
사람인변 亻!
지게 호 尸!

학년   반
이름 :

2

효도 효

7급

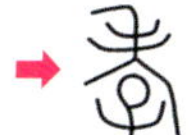

· 필순 : 一　十　土　耂　孝　孝　孝

나타부한!
필발머리 火!

오를 **등**

登 → 登 → 登

- 필순 :
登 登

나타부한!
입 구 ㅁ!

오른 우

• 필순 : ノ ナ オ 右 右

나타부한!
한 일 一 ー!
8

세상/인간 **세**

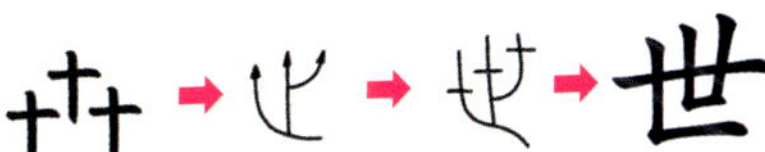

• 필순 :

나타부한!
여자 녀 女!
女

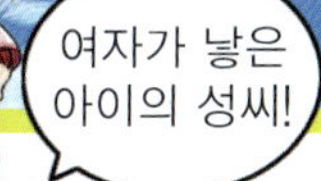

성씨 **성**

7급

女 + 生 ➡ 姓

· 필순 : 乚 𡛯 女 女 女 女 姓 姓

나타부한!
사람인변 亻!

7급

亻 + 主 → 住

• 필순 : ノ イ イ 仁 仁 住 住

나타부한!
책받침 ㅊ!

길 **도**

道

7급

 ➡ ➡ ➡ 道

- 필순 : 丶 丷 䒑 产 芢 首 首 首 首 道

  道 道

위치 한자 퀴즈

17

※정답은 42쪽에!

금동이가 말하는
한자들은 부수한자가
같아요. 어떤 부수한자를
사용하는지
골라 보세요.
오른 우 右
목숨 명 命

※정답은 42쪽에!

급수 한자 퀴즈

※정답은 42쪽에!

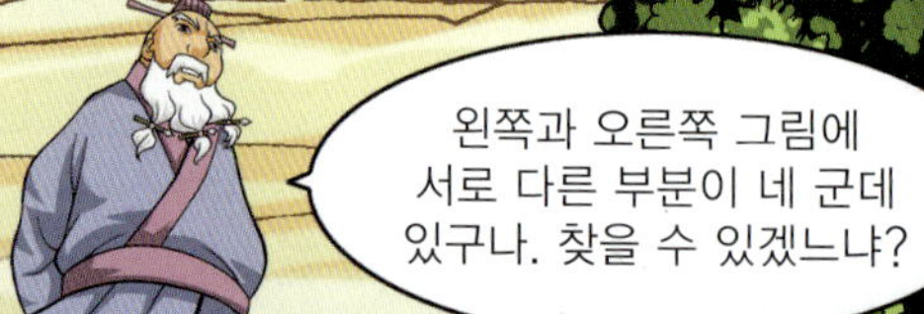

왼쪽과 오른쪽 그림에 서로 다른 부분이 네 군데 있구나. 찾을 수 있겠느냐?

다른 그림 찾기
23
※정답은 43쪽에!

왼쪽과 오른쪽 그림에 서로 다른 부분이 세 군데 있어요. 잘 찾아 보세요.

다른 그림 찾기
25
※ 정답은 44쪽에!

왼쪽과 오른쪽 그림에 서로
다른 부분이 세 군데 있어요.
잘 찾아 보세요.

※정답은 45쪽에!

27

왼쪽과 오른쪽 그림에 서로
다른 부분이 네 군데 있어요.
잘 찾아 보세요.

다른 그림 찾기
29
※ 정답은 46쪽에!

<상황 1>

<상황 2>

<상황 4>

<상황 5>

<상황 6>

지익

<상황 8>

당신은 어떤 성격일까요?

①

②

③

④

① 1번 - 남성적이며 솔직하다.
무엇이든 일등 또는 첫 번째가 되고 싶어하는 사람이다.

② 7번 - 명랑하고 낙관적이다.
운명의 여신이 언제나 미소 지을 것을 기대하고 있는 밝고 명랑한 사람이다.

③ 99번 - 항상 부족함을 느낀다.
99는 하나가 모자라는 100! 무엇이든 한 개가 모자라서 고민하는 사람이다.

④ 100번 - 자기만족형이다.
경주에서 이기든 지든 이미 자기만족을 하고 있는 사람이다.

당신의 질투심은 어느 정도일까요?

①

②

③

④

① 사슴 - 질투에 둔감한 사람
상대방을 질투하기보다는 존중하고 같이 즐기면서 지내는 사람이다.

② 곰 - 질투를 하지 않는 사람
자기 자신에게 자신이 있어서 다른 사람을 질투하지 않는 사람이다.

③ 토끼 - 질투심이 보통인 사람
주변에 인기가 있는 친구를 가끔씩 질투하지만 그것은 누구나 가질 수 있는 질투심이다.

④ 다람쥐 - 질투심이 강한 사람
질투심이 강하지만 자신의 좋은 점을 발견한다면 질투심은 자연히 없어진다.

16쪽	② 左
19쪽	③ 입 구 口
21쪽	③ 적을/젊은 소 少

11권의 부수한자,
모두 접수
하였는가!

대망의 12권을
기대해 주세요~!

차례

구성과 특징

 ## 부수한자 마법 훈련, 급수 한자 마법 훈련

▲ 본책에서 공부한 부수한자와 급수 한자의 숨겨진 이야기와
여러 가지 뜻을 알 수 있고, 필순에 따라 써 볼 수 있습니다.

 ## 스토리텔링! 생활 속 한자, 교과서 속 한자

▲ 일상생활에서 활용할 수 있는 한자어와 교과서에 나오는 한
자어를 재미있는 만화와 이야기 속에 담아 스토리텔링 학습
을 돕습니다.

급수 한자 실력 쌓기

▲ 한자능력검정시험과 같은 유형의 문제를 생동감 있는 만화
와 함께 구성하여 한자 실력을 높일 수 있습니다.

필순 미로 탈출

▲ 재미있는 미로 탈출 게임을 하며 한자 학습에서 중요한
필순을 자연스럽게 익힐 수 있습니다.

나타부한! 필발머리 癶

◉ 여러 가지 뜻과 음

◉ 필순에 따라 쓰기

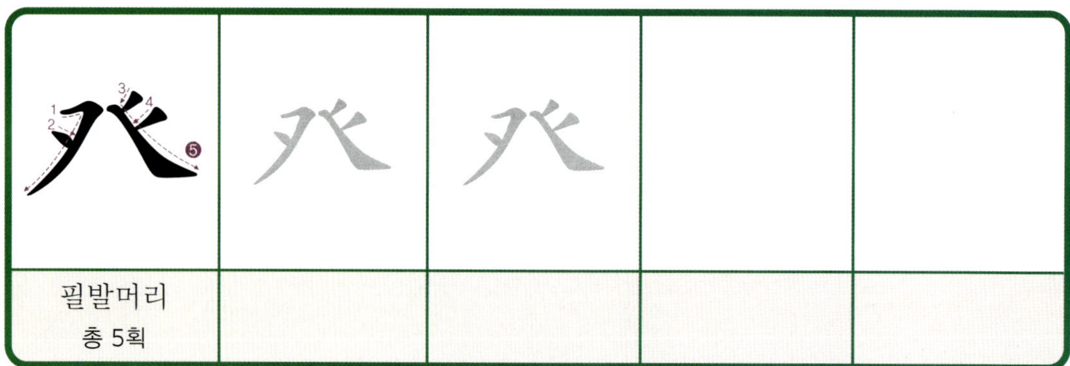

필발머리 종 5획				
癶	癶	癶		

급수 한자 마법 훈련

나타부한! 오른 우 右  7급

알아보기

오른손과 입! 오른 우!
- '右'는 오른손과 입(입 구 口)의 모양을 나타낸 글자로, 입에 밥을 넣는 손은 오른손이라는 데서 '오른쪽'을 뜻합니다.
- 부수한자는 입 구 口입니다.

◉ 여러 가지 뜻과 음

① 오른 **우**

예 우향우, 우심방, 우완

→ 오른팔

→ 심장의 오른쪽 위에 있는 방.

→ 바로 서 있는 상태에서 몸을 오른쪽으로 90도 틀어 돌아서라는 구령.

② 도울 **우**

右

◉ 필순에 따라 쓰기

右	右	右		
뜻 오른 음 우 총 5획				

나타부한! 살 주 住 7급

알아보기

사람이 사는 곳에 불을 밝혀라! 살 주!
- '住'는 사람(사람 인 人)이 사는 곳은 저녁에 항상 불(임금 주 主)이 밝혀져 있다는 데서 '살다'를 뜻합니다.
- 부수한자는 사람인변 亻입니다.

◉ 여러 가지 뜻과 음

◉ 필순에 따라 쓰기

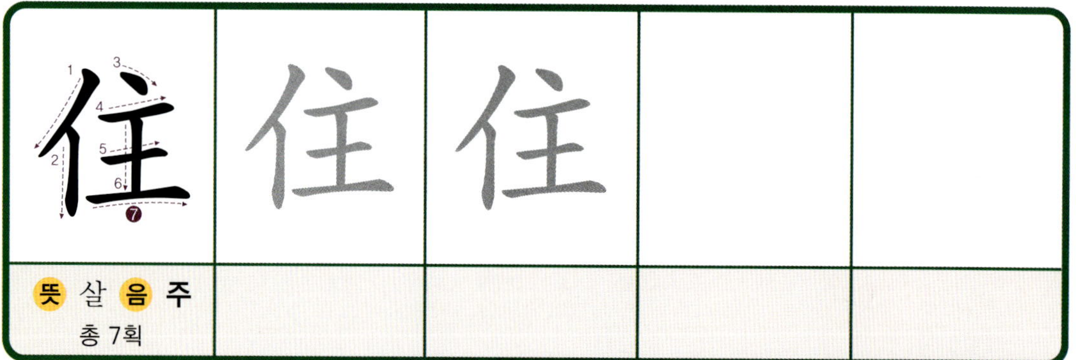

나타부한! 효도 효 孝 7급

어버이를 업고 효도하는 아들! 효도 효!
- '孝'는 늙은 어버이를 업고 있는 자식의 모습을 나타낸 글자로, '효도'를 뜻합니다.
- 부수한자는 아들 자 子입니다.

◉ 여러 가지 뜻과 음

① 효도 **효**

예 효녀, 효심
→ 효성스러운 마음.
→ 부모를 잘 섬기는 딸.

② 부모를 섬길 **효**

예 효경
→ 부모를 잘 섬기고 공경함.

③ 상복 **효**

◉ 필순에 따라 쓰기

孝	孝	孝		
뜻 효도 음 효 총 7획				

나타부한! 성씨 성 姓  7급

알아보기

같은 성을 가진 가족! 성씨 성!
- '姓'은 여자(여자 녀 女)가 아이를 낳으면(날 생 生) 같은 성을 가진 가족이 된다는 것을 나타낸 글자로, '성, 성씨'를 뜻합니다.
- 부수한자는 여자 녀 女입니다.

◉ 여러 가지 뜻과 음

① 성씨 **성**

예 성, 성명
→ 성과 이름.
→ 혈족을 나타내기 위하여 붙인 칭호.

② 씨족 **성**

예 성족
→ 한 조상에서 내려온 성과 본이 같은 일가.

◉ 필순에 따라 쓰기

姓	姓	姓		
뜻 성씨 음 성 총 8획				

나타부한! 세상/인간 세 世 7급

알아보기

시간이 흘러 변한 세상! 세상/인간 세!
- '世'는 '열 십 十'을 세 번 더하여 오랜 시간이 흐름을 나타낸 글자로, 시간이 흐르면서 세상이 변한다는 데서 '세상/인간'을 뜻합니다.
- 부수한자는 한 일 一입니다.

◉ 여러 가지 뜻과 음

◉ 필순에 따라 쓰기

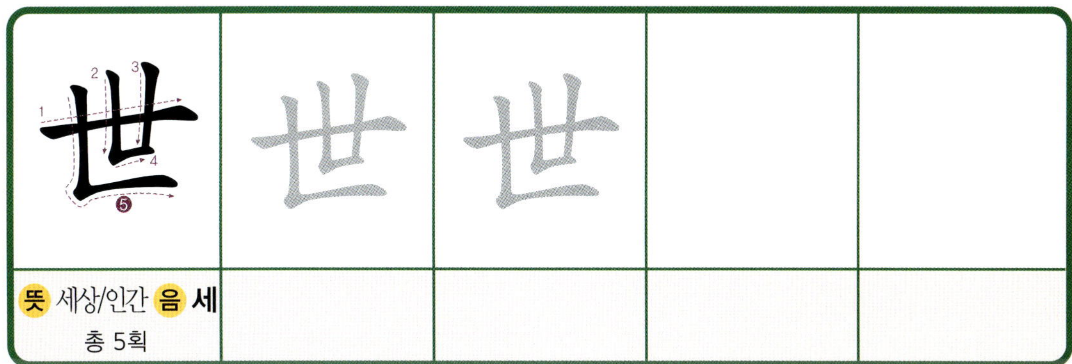

급수 한자 마법 훈련

나타부한! 길 도 道 **7급**

◉ 여러 가지 뜻과 음

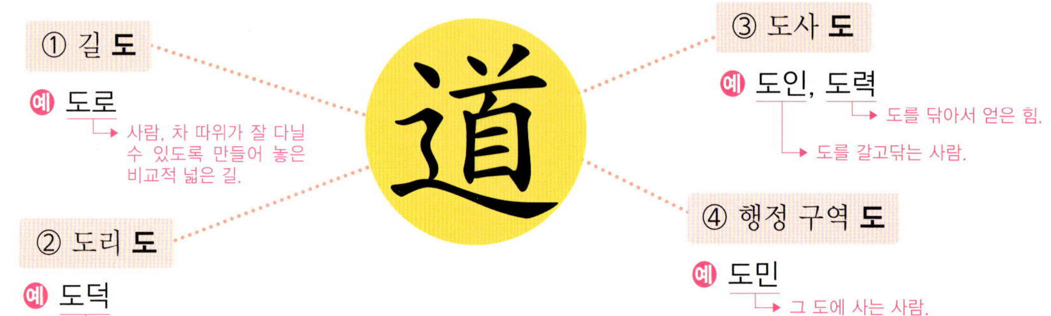

◉ 필순에 따라 쓰기

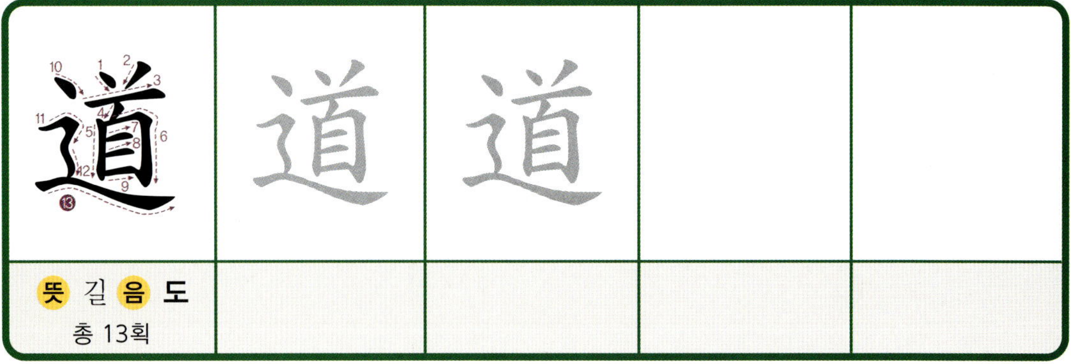

나타부한! 오를 등 登 7급

알아보기

디딤돌을 밟고 오르자! 오를 등!
- '登'은 두 발이 나란히 놓여 있는 모양을 나타낸 글자로, 디딤돌 위에 올라 제사에 쓰는 그릇을 올려놓는다는 데서 '오르다'를 뜻합니다.
- 부수한자는 필발머리 癶 입니다.

◉ 여러 가지 뜻과 음

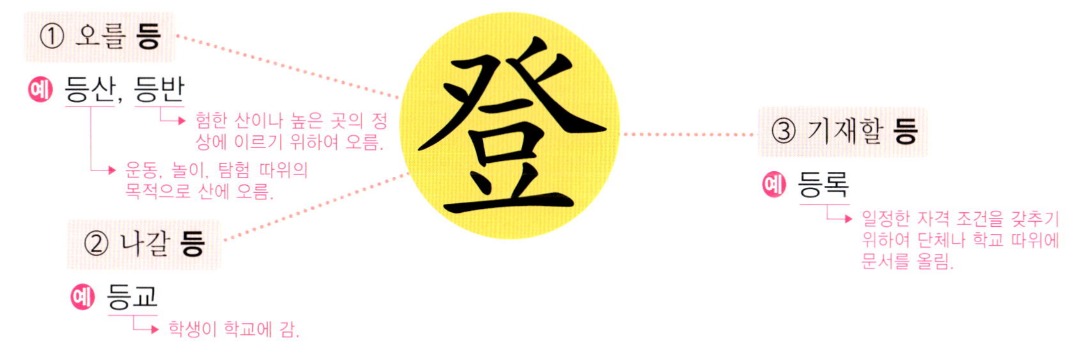

① 오를 **등**

예 등산, 등반
→ 험한 산이나 높은 곳의 정상에 이르기 위하여 오름.
→ 운동, 놀이, 탐험 따위의 목적으로 산에 오름.

② 나갈 **등**

예 등교
→ 학생이 학교에 감.

③ 기재할 **등**

예 등록
→ 일정한 자격 조건을 갖추기 위하여 단체나 학교 따위에 문서를 올림.

◉ 필순에 따라 쓰기

登	登	登		
뜻 오를 음 등 총 12획				

나타부한! 편안 안 安 단어를 익혀라!

나타부한! 살 활 活 단어를 익혀라!

한자 파자 놀이

人
사람 인
主
주인 주
그 사람
(人 사람 인)이
주인
(主 주인 주)
이며 지금 살고
있다.
住
살 주

내가 여기
살고 있는 진짜
주인이라고!
우리 집이야!

효도를 하니
기분이 좋아!

老
늙을 로
子
아들 자
늘으면
(老 늙을 로)
아들(子 아들 자)이
효도한다.

孝
효도 효

효도를 받으니
좋구먼!
토닥
아이고
힘들어~.
토닥

癶
걸을 발
걸어서
(癶 걸을 발)

豆
콩 두
豆와 모양이
비슷한 그릇을
높이 올려
놓는다.

登

오를 등

얼마나
더 올라가야
하는 거니?

거의 다 올라왔어.
조금만 더 힘내!

어느 길로
갈까?

辶
책받침
내가 가는
(辶 책받침,
쉬엄쉬엄 갈 착)
길이

首
머리 수
으뜸(首 머리 수)
이라고 믿는 믿음과
도리의 길!

道

길 도

한타지의
평화를
지켜야 해!

그럼~. 그게
우리가 가야
할 길이지!

◉ 오를 **등** 登

- 등산(오를 **등** 登, 뫼 **산** 山) : 운동, 놀이, 탐험 따위의 목적으로 산에 오름.
- 등반(오를 **등** 登, 더위잡을 **반** 攀) : 험한 산이나 높은 곳의 정상에 이르기 위하여 오름.
- 등장(오를 **등** 登, 마당 **장** 場) : 무슨 일에 어떤 사람이 나타남.

● 효도 효 孝

- 효도(효도 효 孝, 길 도 道) : 부모를 잘 섬기는 도리.
- 효성(효도 효 孝, 정성 성 誠) : 마음을 다해 부모를 섬기는 정성.
- 효자(효도 효 孝, 아들 자 子) : 부모를 잘 섬기는 아들.
- 효심(효도 효 孝, 마음 심 心) : 효성스러운 마음.

도덕

- 도사(길 **도** 道, 선비 **사** 士) : 도를 갈고닦는 사람.
- 도력(길 **도** 道, 힘 **력** 力) : 도를 닦아서 얻은 힘.
- 도리(길 **도** 道, 다스릴 **리** 理) : 사람이 어떤 입장에서 마땅히 행하여야 할 바른길.
- 득도(얻을 **득** 得, 길 **도** 道) : 오묘한 이치나 도를 깨달음.

체육

- 우향우(오른 우 右, 향할 향 向, 오른 우 右) : 바로 서 있는 상태에서 몸을 오른쪽으로 90도 틀어 돌아서라는 구령. 또는 그 구령에 따라 행하는 동작.
- 우측(오른 우 右, 곁 측 側) : 오른쪽.
- 우왕좌왕(오른 우 右, 갈 왕 往, 왼 좌 左, 갈 왕 往) : 이리저리 왔다 갔다 하며 일이나 나아가는 방향을 종잡지 못함.

급수 한자 실력 쌓기

1 다음 만화를 보고 밑줄 친 漢字(한자)의 讀音(독음)을 쓰세요.

(1) (   ) (2) (   )

2 다음 만화를 보고 밑줄 친 漢字(한자)의 讀音(독음)을 쓰세요.

(1) (   ) (2) (   )

한자의 훈 · 음 쓰기

3 아래 만화에 있는 漢字(한자)의 訓(훈 : 뜻)과 音(음 : 소리)을 쓰세요.

(　　　　　　　　　　　　)

4 아래 만화에 있는 漢字(한자)의 訓(훈 : 뜻)과 音(음 : 소리)을 쓰세요.

(　　　　　　　　　　　　)

5 다음 한자의 ㉠획의 쓰는 순서를 아래에서 찾아 번호를 쓰세요. ··········· (   )

① 첫 번째　　　　② 두 번째
③ 세 번째　　　　④ 네 번째

6 다음 한자의 ㉠획의 쓰는 순서를 아래에서 찾아 번호를 쓰세요. ··········· (   )

① 첫 번째　　　　② 두 번째
③ 세 번째　　　　④ 네 번째

7 다음 만화를 보고 밑줄 친 말에 해당하는 漢字(한자)를 [보기]에서 찾아 번호를 쓰세요.

[보기] ① 右 ② 孝 ③ 左 ④ 世

(1) (   )

(2) (   )

8 다음 만화를 보고 밑줄 친 말에 해당하는 漢字(한자)를 [보기]에서 찾아 번호를 쓰세요.

[보기] ① 住 ② 道 ③ 姓 ④ 登

(1) (   )

(2) (   )

뜻에 알맞은 한자 찾기

9 빈칸에 들어갈 알맞은 漢字(한자)를 보기 에서 찾아 번호를 쓰세요.

보기　　①氣　②活　③老　④電

(1)

(2)

(3)

(4)

공통으로 쓰인 한자 찾기

10 밑줄 친 ㉠과 ㉡에 공통으로 쓰이는 漢字(한자)를 〈보기〉에서 찾아 번호를 쓰세요.

〈보기〉 　①姓　②世　③住　④登

(1)

(　　　　　　　　　　)

(2)

(　　　　　　　　　　)

부수한자 색칠하기

電

필순 미로 탈출

일만 만 萬 의
필순을 따라 미로를
탈출해 보아라. 다른 한자나
장애물은 피해야 하는 것을
잊지 말아야 한다!

출발!
一
十
口
卄
十一
艹
氵
艹
芍
丿
室

재주껏
찾아가 봐!

필순 따라
출발!

도착!

1 (1) 세 (2) 등　**2** (1) 도 (2) 주　**3** 효도 효　**4** 왼 좌　**5** ③　**6** ②　**7** (1) ① (2) ②
8 (1) ④ (2) ②　**9** (1) ① (2) ③ (3) ② (4) ④　**10** (1) ③ (2) ②

풀이

1　(1) 世 : 세상/인간 **세** (2) 登 : 오를 **등**

2　(1) 道 : 길 **도** (2) 住 : 살 **주**

3　孝 : 효도 **효**

4　左 : 왼 **좌**

5　姓 : 성씨 **성** (㇗ ㇗ ㇗ 女 女 姒 姓 姓)

6　住 : 살 **주** (㇒ 亻 亻 住 住 住 住)

7　(1) 右 : 오른 **우** (2) 孝 : 효도 **효**

8　(1) 登 : 오를 **등** (2) 道 : 길 **도**

9　(1) 氣 : 기운 **기** (2) 老 : 늙을 **로** (3) 活 : 살 **활** (4) 電 : 번개 **전**

10　(1) 住 : 살 **주** (2) 世 : 세상/인간 **세**